Gonca Özmen was born in Burdur, Turkey, in 1982. She holds a doctorate in English Language & Literature from Istanbul University. Her poems have won several major awards, including the Ali Rıza Ertan Prize, the Orhon Murat Arıburnu Prize, and the Berna Moran Poetry Prize. Her two books are *Kuytumda* (2000) and *Belki Sessiz* (2008). She was among the founding editors of Turkey's premier translation journal, *Çevirmenin Notu* (Translator's Note) and is the former editor of the poetry monthly, *Palto*. Her poems have been translated into French, German, Spanish, Slovenian, Romanian, and Farsi. *The Sea Within* is the first full-length selection of her work to appear in English. She presently lives in Istanbul.

George Messo is a poet, editor and teacher, and a prominent translator of Turkish poetry. His ground-breaking anthology, *İkinci Yeni: The Turkish Avant-Garde*, was published by Shearsman in 2009. His most recent book, *From This Bridge: Contemporary Turkish Women Poets*, is published by Conversation Paperpress.

THE SEA WITHIN
İçerdeki Deniz

Şiirler ❧ *Poems*

Gonca Özmen

*Translated from Turkish
by George Messo*

Shearsman Books
Exeter

First published in the United Kingdom in 2011 by
Shearsman Books
58 Velwell Road
Exeter EX4 4LD

http://www.shearsman.com/

ISBN 978-1-84861-148-1

Acknowledgements
The translations in *The Sea Within* have as their source two books
by Gonca Özmen: *Belki Sessiz*, first published in 2008 by Yapı Kredi
Yayınları, Istanbul, and reissued by Kırmızı Kedi Yayınevi in January,
2011, and *Kuytumda*, first published in 2000 by Hera Yayınları.
Grateful acknowledgement is made to these publishers for
permission to reprint the original Turkish poems alongside
their English translations.

Grateful acknowledgement is made also to the editors of the
following magazines in which some of these translations first
appeared: *Absinthe: New European Poetry, Cerise Press, Conversation
Poetry, The Raconteur* and *Shearsman*. Three poems first appeared in
the anthology *From This Bridge: Contemporary Turkish Women Poets*
(Conversation Paperpress, 2010).

The translator would like to thank Dr. Şenol Bezci of
Bilkent University, Gonca Özmen and Semra Şenol for their help
and support in the preparation of this book.

İçindekiler Contents

Belki Sessiz'den from *Silent Perhaps* (2008)

8	Eski Alınganlık	Old Asperity	9
10	Bölünmeler	Partitions	11
18	Donuk An	Frozen Moment	19
20	Belki Sessiz	Silent Perhaps	21
22	Bulutları Kaldır	Raise the Clouds	23
24	Taşlık	Stones	25
26	Bana Beklet	Keep It for Me	27
28	Leke	Blemish	29
34	Böyle Rüzgârlar	Winds Like These	35
36	Sesin Diyorum	I Say Your Voice	37
38	Sanki Yokum	As If I Don't	39
40	Küskün	Moody	41
42	Dutluk	Mulberry Grove	43
44	Ağzındı	It Was Your Mouth	45
46	Elleriniz Vardı Barbar	Your Hands Were Barbaric	47
48	Akış	Flow	49
50	Sanrı	Hallucination	51
52	Bazen... Bir...54	Sometimes... One...	53
	Dörtyol Ağzı	Crossroads	55
56	Olup Bitenler	What Happens	57
58	Ardından	Behind	59
60	Gidiyorduk	We Were Heading	61
62	Çıplak	Naked	63
66	Çünkü Annem	Because My Mother	67

Kuytumda'dan   from *In My Seclusion* (2000)

68 Yara   Wound 69
70 Islak   Wet 71
72 Kuş Uykularında   In Bird-Sleep 73
74 Zaman Sıkılıyor   Time Grows Bored 75

THE SEA WITHIN

Eski Alınganlık

Bir yağmuru koymak var sabahın yanına
Bir yağmuru şimdi üzgün boynuna

Nehirlerin dinlediği seslerdik

İçimizden sular geçti
İçimizden sessizlikler, dalgınlıklar

Baktık acımız bir perde
Kapattık

Şimdi durup dokunsam bir yalnızlığa
O yalnızlık o yağmura uysa

Aksak zamanın ucuna aksak
Bir yokuş var, bir yok oluş
Tırmansak

— Onlar eski bir alınganlığı koydular önüme
Ben kuşları anladım bundan

Old Asperity

If I could set rain beside morning
Put rain now to your joyless neck

We were voices heard by rivers

Waters poured through us
Silences, abstractions through us

We saw our pain is a curtain
We closed it

Now if I stop and touch that loneliness
If only that loneliness and rain would fit

If we flow to the end of time
There is a hill, a vanishing point
If we could only climb it

     — They place before me an old asperity
       And from that I understood the birds

Bölünmeler

I

Kusura vardım
Benimdir dedim bu eski söz

Kime açıldıysa kapılar
Kapananı benim dedim

Beni bir avuntudan oldurmuşlar
De ki bir sıkıntının içini oymuşlar

Böyle böyle sezdim dilin de sabrı var
Akşamdan hızla geçen sesin de

Partitions

I

I possessed a flaw
This ancient word is mine I said

For whomever doors open
I said for me they're closed

They formed me from consolation
Maybe carved me out of woe

Thus I learnt the tongue is possessed of patience
The voice too passing swiftly through evening

II

Biter şimdi gecenin susmayan ağzı
Eğer beni söze doğru karanlık

O eski dudaklarla düşlemek seni
Boynunun bahçesini bu ölü dudaklarla

Tenin altında bir usul bezginlik
Yapraklar geçiyor bir çocuk dalgınlığından

Denizin henüz bitmediği
Daralıp daralıp genişlediği her şeyin

II

Night's never-silent mouth stills now
Darkness inclines me towards the word

To dream you with those ancient lips
Your neck's garden with these dead lips

Beneath the flesh a soundless weariness
Leaves falling through a child's day-dreams

Where the sea has yet to end
Where everything narrows and broadens out

III

Yerinde dursun su dalgınlığı
Ben kendimi yaprağa sunacağım

Nasılsa geri dönecek kuruttuğum söz
Bir çiçeğin açışını andıracağım

Gecenin getirdiği ne varsa ona inanacağım
Hem inanmak çocuksu yanımızdan gelir

Bir çocuğun aklıyla harflerinizi dolanacağım

III

Let water's day-dream stay where it is
I'll offer myself to the leaf

The word I wilted will somehow return
I will bring to mind a blossoming flower

I will believe whatever night brings
For belief springs from our child-like side

With a child's mind I'll stroll around your words

IV

Sonra bir yalnızlığı denemek oluyor her şey
Üç beş sandalye yetiyor hüznü ağırlamaya

Akşamları getirdiğim yorgunluk beni anlatmıyor
Durmadan okşuyorum tüylerini gecenin

Çiçekler büyük bir yokluğa bakıyor
Gitsem gitsem bir solgunluğa gidiyorum

Yüzümde kelebekler ölüyor

IV

Then everything ends up in loneliness
A few chairs are enough to host grief

In evenings, the weariness I bring home says nothing of me
Unceasingly I caress the feathers of night

Flowers peer into vast emptiness
Wherever I go, it's into paleness

Butterflies dying on my face

Donuk An

Susarsın bir ırmak durur bir an

Düş kurar
     odasında sesler

Titretir dallarımı
Saçlarında rüzgâr

Daraldıkça daralır evlerin göğü

Taşın kapısı kapalı
Bir bulut sıkıntısı her şey

Söz bir ürkek hayvan
Gizlenir çalı dibinde

An bir durur, ırmak bir, susarsın

Frozen Moment

You hold your tongue
A river briefly stops

Voices day-dreaming
                  in their rooms

Wind in your hair
Makes my branches quake

House skies keep narrowing

The stone's door is closed
Everything is cloud-grief

The word is a startled creature
Hiding at the bottom of a hedge

A moment stops, a river,
You hold your tongue

Belki Sessiz

Geceye hazırlanıyor orman
Yavaş yavaş soyunuyor yeşili

Bir kuşun bir buluta karışmış düşü

Rüzgâr yine kayalardan söz ediyor
Rüzgâr gezip gördüğü yerleri anlatıyor

Bu sefer akar belki sözcükler diyorum
Yağmurla boşanır tenin arzusu

Belki şaşırır vaktini ezanlar ve ölümler
Nasılsa çiçek açar bir çocuğun kesik kolu

Ey dünya, küçüldükçe küçüldün içimizde

Durmadan birikiyor söz balçığı
gölün dibinde

Durmadan sesini yitiriyor her şey

Silent Perhaps

The forest prepares for night
Slowly strips its foliage

A bird's cloud-entangled dream

The wind speaks again of rocks
Wind tells of places it has seen

I say perhaps words will flow this time
Skin's desire release with rain

Maybe death and azans will baffle time
Somehow a child's severed arm blooms

O world, you shrink to nothing inside us

The sediment of words builds up
                    at the bottom of a lake

Ceaselessly everything loses its voice

Bulutları Kaldır

Giderek bir avluya benze
Böylesi daha iyi

Bir serinliği büyüt ağzında
Pencerelerin diline çalış

Anlamanın çatısı akıyor bak her evde
Yazımı çöz
Yerini değiştir tüm seslerin

Hem bu sesleri bize böyle kim öğretti
Kim çizdi göğü

Gitsen uzak kentler bulaşacak yüzüme
Konuşsan suya sessizliğim

Geceyi kaldır üstünden
Böylesi daha iyi

Bir düş ayır tenine
Sözün boşluğuna dağıl

Raise the Clouds

Slowly reflect a courtyard
Better this way

Grow coolness in your mouth
Work the window's tongue

Look in every house, the roof of knowing leaks
Unfurl my script
Change the place of every sound

Who taught us sounds like these anyway
Who drew the sky

If you go, those far cities will soil my face
If you speak my silence will soil water

Raise night from on top of you
Better this way

For your skin set aside a dream
Scatter yourself in the barren seam of words

Taşlık

Biraz önceydi
Serinlik verdim taşlığa

Ev içleri kadardım
Tozdum bir masada

Nedense bu dünyaya iyi gelirdim

Güzdü
Gölgesiz bir suydum

Pencereleri açsam üşür müydünüz
Biraz daha aralasam sözcükleri

Bir yerlere terin bulaştı
Lekesi kalır bilirim

Bilirim lekesi kalır ağlamanın

Bir sözdün
Parmağımdan düştün

Ben, o kâğıttaki
Makas iziyim hâlâ

Stones

It was a moment ago
I bestowed coolness to stones

I was as big as the insides of houses
I was dust on a table

Somehow the world and I were suited

It was autumn
I was a shadowless stream

Would you be cold if I opened the window
If I opened the words just a little more

There was a place where your sweat pooled
I know its stain remains

I know the stain of tears remains

You were a promise
You fell from my fingers

Me, on that paper still
I'm the scissors' trace

Bana Beklet

Bana beklet yontusunu ayaklarının
Bana beklet saksında o mahcup çiçeği

Ben ki beyaz bir sayfanın sıkıntısındayım
Yüzümde suskun ev tenhaları

Ah hanginize baksam bir bahçe dağınıklığı
Geçsem içinizden geçsem
Kederimdeki faytonun ağır aksaklığı

Bana beklet bu yara bilincini
Ölümlü olmanın

Ben ki kuşların göç zamanıyım
Büyüttüğünüz kötülük yılanı

Ah bilmemenin geniş huzuru

Korkuyu getirdi rüzgâr
Öylece koydu aramıza

Bitir sessizi ve yeniden başla

Keep It for Me

Keep the statue of your feet for me
Keep that shy bloom in your vase for me

I was there in the tedium of a white page
Desolate houses on my face

O wherever I look I see a nature unkempt
If I were to pass right through you
It's my grief that slows my passage

Keep for me this wounded consciousness
Of mortality

I'm the time for birds to migrate
The evil of a snake you raise

O great peace of the unknown

Wind brought fear
Placed it like this between us

Bring silence to an end, and begin again

Leke

I

Vadi sırrını açtı bana
Seni sonsuz bir düzlükte buldum
Yaprağın koptuğu anda, incirin sustuğu

Kavruk bir tarafım vardı benim
Seni işte oraya koydum

O güzel suları al, o güzel kokuları da
Uzakta olan yaklaştı
Elbet bir kadın bir ırmak döktü içine

Sen dokunmanın öbür ucunda kal
Sarıl dur ben sandığın yokluğa

—İkimizden esen rüzgâr
　　yapraklar topluyor nasılsa

Blemish

I

The valley opened its secret to me
On a vast plain I found you
When the leaf dropped and the fig fell silent

There was a scorched side to me
And I placed you there

Take those sweet waters, those heady scents
A woman pours a river into you
And what was far comes nearer still

Stay on the other side of touch
Embrace the absence you take me for

—Wind that blows through us
                is picking up leaves somehow

II

Seninle her şey susar sanırdım
Perdelere anlatır sırrını zaman
Gövdemde bir patika uzar durur

Ben o bitmeyen sözlerdim
Bekleyen ahşap

Gök alçalır diye bilirdim seninle
Bir sincap zıplar kollarında
Alıp bir lekeye götürür beni
Öyle bilirdim

Sen o yorulmaz sulardın
Diri seslerdin

Ben işte durmadan sana dolardım

II

I thought everything stops with you
Time tells its secret to screens
A path winds through my body

I was those unending words
The pensive wood

I knew sky descends with you
A squirrel zips into your lap
Takes me, leads me to a blemish
So I thought

You were those tireless waters
Those living sounds

I filled you ceaselessly

III

Sen başladın her şey geçip gitsin
İçimde açsın sardunya, öteye çekilsin deniz

Benim de içi çekirdekli bir rüyam olsun
Irmaklar geçsin gövdemden, yaban incirler

Telaşlı dudakları var çünkü sabahın
Kuytular var ah! Karanlıklar

Zaman durmuşsa susmuş olalım
Gözlerinden gelen ışıklar dönmeyi bilmesin

Söz olup çıksın bedenin sıkıntısı
Eskimesin artık fotoğrafta yüzüm

Sen başladın her şey geçip gitsin
Sus dedi karınca zaman sürsün

III

You started, so let everything pass
Let the geranium open in me, the sea recede

Let me have a dream with a seed inside
Let rivers pass through me, wild figs

Because morning has hurrying lips
There are sanctuaries! Darkness

If time stops let's put on silence
Let the light of your eyes know no return

Let the body's ache unwind in words
Let my face not fade in photographs

You began, so let everything pass
Quiet, said the ant, let time march on

Böyle Rüzgârlar

Böyle şeyler oluyor işte böyle rüzgârlar
Bu güz balkonu beni çağırıyor

Neyi dağıtıyor elin akşamda
Ben saçlarımı topluyorum ırmakları da

Sonra gidip bir şiirin önünde soyunuyorum
Bir çocuğu öpüyorum adı sevişmek oluyor

Her şey bizden ayrı
Her şey biz varken yan yana oluyor

Bu oluşa biraz keder ekliyorum

Ellerinde bir ağaç
Ellerinde telaşlı bir ağaca bakıyorum

Sen oturup şeftali yiyorsun
Otlar diyorum yürüyor görmüyorsun

Sıkıntılı bir yağmur geçiyor pencerelerden
Kendime sesleniyorum ses vermiyor

Ah sevgilim aramızda bir iğne
Beni sana dikiyor

Winds Like These

These things happen, winds like these
This autumn balcony calls me

Whatever your hands dispense at night
I gather up my hair and rivers too

Then I go and undress in front of a poem
I kiss a child its name becomes love

Everything is distant from us
When with us, nothing is alone

I accent a little sorrow to this presence

There's a tree in your hands
I'm looking at a bustling tree in your hands

You sit, eating a peach
Grass is walking, I say, don't you see

Oppressive rain passes the window
I call out to myself, there's no reply

O my love, there's a needle between us
Stitching me to you

Sesin Diyorum

Sesin —o avlular dolusu
Sesin —küskün gök, yenik ova

Bırak öylece kalsın öpülmemişliğim
Giderek arsız bir perde oluyorum

Usulca ölüyor rüzgâr

Sesin bir denizden öte
Gördüm çölü incitmekten geliyor

Bense orda bir ağaç sadece kuşların bildiği
Boşluğa doğru dönüp sıkılmak diyor

Ağzın yatağımda uyuyor

Sesin diyorum bir ormanı yürümekten geliyor

I Say Your Voice

Your voice —that bustling courtyard
Your voice —disgruntled sky, defeated plain

Leave it that way, my unkissed lips
I'm becoming an impudent screen

Winds are slowly dying

Your voice from the other side of the sea
I saw it approach from lashing the desert

There, just me, a tree known only to birds
Turning towards the road, bespeaking boredom

Your mouth sleeps in my bed

I say your voice comes back from a forest walk

Sanki Yokum

Beni böyle uzun sev
Gölü delirt
Tutuştur suyun kanını

Gitmeni yalanlayan kuşlar bul

Bir küflü yorgunluk
Zamansız bir deniz kaldı
Gecenin avuçlarında

Hem varım sanki yokum

Beni böyle ıslak sev
Gizimi dağıt

Kuşlar demiştik kuşlar

Kal öyle
Öyle rüzgârlı

Ahşap bir kapı
Açılıyorum sana

As If I Don't

Love me long like this
Drive the lake crazy
Set water's blood on fire

Find birds that deny your leaving

A mildewed fatigue
A timeless sea remained
In night's open palms

I exist, as if I don't

Love me wet like this
Give out my secret

Birds we said, birds

Linger like that
Breezy like that

A wooden door
I open for you

Küskün

Aldım denize bıraktım yüzünü
Suda dalgın bir mitos bir balığın ağzından

Kentleri anlayınca gördüm mahcup serçeleri
Saçaklar küskün ahşabın dilinden

Gürültüsünü duyamaz olmuş toprak
Bir ağaç gölgesine uzanıvermiş bir ev

Günler de ölüp gidiyor
Giderek eskiyor akşamın sesi

Ve sen alacakaranlıkta belli belirsiz anımsanan
Uzunca bir yolu gider gelirdi gözlerin

Beni öpersen dağılır zaman
Avlun olurum arsız otun

Moody

I took your face, set it in sea
A pensive myth in water, in the mouth of a fish

I saw delicate sparrows when I knew cities
Eaves moody with the language of wood

Earth no longer hears its noise
A house reclining in the shade of a tree

Days are dying too
Night's voice grows steadily older

And you, faintly remembered in the twilight
Your eyes moved off down the long road, and returned

If you kissed me time would dissolve
I become your court, your encroaching grass

Dutluk

Dutluğa doğru gel
Evlerin uzağına

Sana susmayı öğreteceğim
Dalların kaygısını da

Azaldığın yerden öpeceğim
Azaldığı yerden doğanın

Ovayı geç
Dutluğa doğru gel
Arasına otların

Sana fırtınayı dinleteceğim
Theşub'un çığlığını

Bir suyun ardında seni
Neden sonra yine bekleyeceğim

Tarlayı geç
Daha gel daha
Dut kokusuna

Sana karıncaları göstereceğim

Mulberry Grove

Come to the mulberry grove
Far from houses

I'll teach you to be quiet
And the worry of branches

I'll kiss the point where you wane
The point where nature wanes

Pass over the plain
Come to the mulberry grove
In amongst its grass

I'll make you listen to the storm
To Theshub's scream

When all is done, I'll wait again
For you, on the other side of water

Pass over the field
Further come further
To the mulberry scent

I'll show you the ants

Ağzındı

Ağzındı
Çıplak duvar, mahrem kapı

Ağzındı
Doğmamış dizeler getirip bıraktı

İklim değiştirdi otlar kendiliğinden
Gördüm ağzın yaprak kırgınlığı

Ağzındı
Yıkılan ceviz ağaçları gibi

Tüm sesleri toplayıp gitti

Ağzındı
Sokak çocuğum, eksik göğüm

Ağzındı
Ve çocuktuk hâlâ sevişirken
(iki oyun arası)

It Was Your Mouth

It was your mouth
Naked wall, intimate door

It was your mouth
Tracing unborn contours

Grass alone changed the climate
I tasted your mouth's leaf-like bitterness

It was your mouth
Like a felled walnut tree

It gathered all the voices and fled

It was your mouth
My urchin, my absent sky

It was your mouth
And we were still infants in our lovemaking
(between two games)

Elleriniz Vardı Barbar

Şuramda dudaklarınızı bıraktıydınız
Uzaklığınızı şuramda

Onca su zambağı
Onca taşlık yol
Onca siyah kuğu arasında
Bildim bir yokluktu yeryüzü

Onca çam ormanı
Onca yenik patika
Onca sahipsiz yeşil arasında
Gördüm ötesi var akşamın
Gövdenin gizil bir sesi

Şuramda bir ölünün yükü
Kirli bir çiçek bıraktıydınız
Tenimdeki çocuğun kederi için

Allahın taş damında sevişirdik
Islaktınız ve elleriniz vardı barbar

Your Hands Were Barbaric

Just here you set your lips
Just here, your coolness

So many water lilies
So many cobbled streets
Amid so many black swans
I knew the earth as absence

So many pine forests
So many broken paths
Amid so great an unpossessed green
I saw another side to evening
A secret voice of the body

Just here, the weight of the dead
You left a dirty flower
For the grief of a child on my skin

We made love on God's stone roof
You were wet and your hands were barbaric

Akış

Ben bir ırmaktan dökülenim sana
Beni kirlet

Geceye at
Olduran geceye

Çıt sesi içimin
düştü

Dünya bir daha dönmez sanırdım
Dünya bir daha döndü

O ardıç kokusu
kaldı

Biri unutsa
Biri unutmaz

Ben bir sudan akanım sana
Beni bulandır

Suça benzet
Öyle anımsa

Flow

I'm the one who spills from the river for you
Dirty me

Throw me to night
Night that makes it so

That snapping sound
fell within me

I thought the world would never turn again
But the world turned once more

That smell of juniper
remained

Should one of them forget
The other won't

I'm the one who flows from water to you
Muddy me

Liken me to a crime
And remember me thus

Sanrı

Sevgilim kuşlara bakacak düşmekten korkmasa
Doğulu bir rüzgârı esecek etimde, sonsuz
Bense bir ağaçtan çıkıp geleceğim böyle yeşil
Böyle baştan aşağı yeşil
Baştan aşağı kin ve kuşku

Sevgilim anımsa diyecek
Ellerimi, zor ve ağır ellerimi
Esrik bir yaprak olacak titrerken
Titrerken duyacağım çıplaklığın sesini
Duyacağım ve yarılacak tohumun sancısı

Sevgilim kirli bir dua gibi yağacak üstüme
Öylece yağacak hazır dağılmaya, yok oluşa
Toprağın gizi bizi içine alacak
Geride hep bir ıslaklık

Bir martı usulca düşecek
Göğün dalından

Hallucination

My love will look to birds if he doesn't fear falling
He will blow an eastern wind on my skin, ceaselessly
And I will emerge from a tree, green like this
Green like this from tip to toe
Malice and doubt from head to toe

My love will say remember
My hands, my difficult and heavy hands
He will be a drunken leaf shaking
Trembling I'll hear the voice of nakedness
I'll hear and the seed's pain will split

My love will rain down on me like a dirty prayer
Will rain like that ready to disperse, to disappear
The earth's secret will take us inside
Always a wetness in its wake

From a branch of the sky
A seagull will slowly fall

Bazen... Bir...

Bazen gidip gelir pencereler
Görmeyiz biz

Bir yalnızlığı dolaşır gelir bir merdiven
Bilmeyiz

Evin sırrını saklar duvar
Ev ki kadındır derler bekler susarak

Söz biter aydınlıkla gölge arası

Sen kapılara eşik olursun
                ağustosla eylül arası

Kapıyı duvara yakıştırmışlar
Beni bir sokağın mırıldanışına

Bak, göğü örttüm
Koltuk seni bekler gibi durur

Terliklerin iki yıkık eğri sofada

Sometimes... One...

Sometimes the windows come and go
We don't see

A stairwell wanders around a loneliness
We don't know

The wall hides the house's secret
They say the house is a woman waiting quietly

The word ends between light and shade

You're the doors' threshold
                     between August and September

They fit the door to the wall
And me to the murmur of the street

Look! I close up the sky
The seat waits as if for you

Your slippers: two broken lines in the hall

Dörtyol Ağzı

Herkes biraz ölmek için uyur

Her kadın oturmuştur
    kucağına şefkatin

Dindirir ağrıyı o solgunluk
Bir kar yağışıdır acı, örter

Yüzümden geçer döndüğün her sokak

Sen olana giderim yine
Toplayıp sesimi akşamdan

Uykusu dar, kederi geniş olana
Boynuna, o dörtyol ağzına

Crossroads

Everyone sleeps to die a little

Every woman sits
        on the lap of kindness

That paleness halts the pain
Pain is a snow shower, covering all

Each street you turn down passes through my face

Again I go to one becoming you,
Gathering my voice from night

One for whom sleep is narrow, sorrow wide
Down to your neck, to that crossroads

Olup Bitenler

Merhameti ben bir sudan öğrendim
İçine elimi koydum, akana
Elimi ben nelere, kimlere

Toplama beni
Ben dökülmeyi sevdim

Bana baktı hep dünyada olup bitenler
Olup bitenler işte olup bitmezler

Geri vermez ölüyü sular
Yataksız onlar, uyurlar

Her şey olacağı gibi olsun
Ama olsun

Bahçemle barışayım
Üç kolu kesik tarihle

Bulmak bazen fenadır
Sesindeydim, o dingin ovanda

Sen orda ölürdün
Ben burda yıkardım gövdeni

What Happened

I learnt mercy from water
Placed my hand in it, in its flow,
Placed my hand to whatever, whomever

Don't gather me up
I loved being spilt

What happened in the world looked to me
All that happened, all that never did

Waters don't return the dead
They sleep, without beds

Let everything be as it should
But let it be

Let me make peace with my garden
With this disjointed history

Discovery is sometimes terrible
I am in your voice, on your calm plain

You'd die there
Here I'd wash your body

Ardından

Gökyüzü devam ediyor
Bunu omuzlarından anlıyorum

Sen dağınıklık diyorsun
Ben dalgınlık diyorum ona

Sen nehirleri seviyorsun delice
Ben bir derenin yıkıklığını

Sen başıboşluğunu insanın
Öteki berikiyi ben
Kapı ardına bırakılanı

Sen denize giriyorsun
Ben kıskanıyorum tüm suları
Tüm suları topluyorum ayaklarının dibinde

Ayaklarının dibinde sonsuzu arıyorum

Uzak devam ediyor
Bunu omuzlarından anlıyorum

Kim kimin ardından su döküyor şimdi
Ben suyun yarasına bakıyorum

Behind

The sky goes on
I know from your shoulders

You call it untidiness
I call it abstraction

You're crazy for rivers
For me it's the stream's neglect

It's people's lack of self-control you like
Whereas I like another, the other
One left behind a door

You enter the sea
I'm jealous of the water
I gather up every drop, down to your toes

I seek out eternity in the soles of your feet

Distance stretches out
I know from your shoulders

Who with water anoints whose leaving now
I look to the water's wound

Gidiyorduk

Kusura doğru gidiyorduk
Kuş sürüleri, kertenkeleler, su zambakları

Kusura doğru gidiyorduk
Aramızda bir acının kasırgası

Boşuna değil *ay büyürken uyuyamamak*
Dümdüz yaşamak saçımızı tarar gibi

Orda, zeytin ağaçlarının arasında
Sessiz ve bitkin durmuştuk

Seylantaşları, yaban arıları, eğri bir gök
Bir bükümlü ot, başıboş bırakılmış bir nehir

Gidiyorduk… ağrısına zamanın…

We Were Heading

We were heading towards the fault
Flocks of birds, lizards and water lilies

We were heading towards the fault
A tornado of pain between us

Not purposely *insomniac with the waxing moon*
To live perfectly flat, like combing our hair

There, between trees of the olive grove
We lingered, silent and exhausted

Almandine, desert bees, a tilting sky
Twisted grass, a river left to its own devices

We were heading… for time's great injury…

Çıplak

I

—Sözlerinizden eksilenim ben

Yitik bir dilde bekledim
Bir kusuru söyledim durdum

Azar azar tükendim
Her sessizliğe merhamet oldum

Biraz tenha olsanız konuşurken
Bir dizeyi bitirirken yıkık dursanız

II

—Korkularınızdan artanım ben

Söyleyecek bir sözü olsun kuşların da
Evime sığınsın kış uzaklığıyla

Yorulur rüzgâr özlemler taşımaktan
Açıp açıp ağzını bir boşluğu solumaktan

Biraz suçlansanız eksik bakmalardan
Suyun çocuksu yanından

Naked

I

—I'm the one your words erase

I waited in a lost language
I kept repeating a fault

Little by little I became exhausted
I became the mercy in every silence

If you were a little vacant when you talk
And in bits when the line is done

II

—I'm the one your fear inflates

Let the birds too have a word to say
Let winter shelter in my house with its distance

Wind tires from carrying its load of longings
From breathing emptiness into its barely open mouth

I wish you felt guilty for unformed glances
For water's childish side

III

—Sevinçlerinizden kaçanım ben

Çatlatır bu cümbüş çemberi orta yerinden
Kısrak oluşum mahmuzlar gecenizi

İncinirim şapkası düşmüş bir sözcükten
Çığırtkan aşklarınız ve tanrınızdan

Aksağını sevseniz şiirin, kusurunu
Zamanı gövdenizden geçirseniz

III

—I'm the one who flees your pleasures

This merry hoop snaps from its centre
I being a mare spur your night

I'm offended by a mispronounced word
By your boisterous loves and gods

If only you loved faulty, flawed poems
If only you let time transverse your body

Çünkü Annem

Çünkü annem bir yorgun zorunluluk
Yüzünde içi çiçekli eski kutu duruşu
Neydi unuttuğu mutfağa girip çıkarken
Dalgınca boyayıp duruyordu kirli göğü

—Annem yelkovanın bıkkın dönüşü

Tek katlı evlerde mutluluklar aradı. Yok.
Çok çocuklu evlerde cıvıltılar istedi. Yok.
Çukur yerlerinde geçmişin titreyişi
Toz suretinde yapışmış anılar duvara

—Annem bir tekerlemeydi odalarda

Geçkin yazlarla soldu ahşap düşleri
Eski bir telaşın dinmez sancısıyla
Ağlardı annem gülmek gibi dururken
Küçülür incelirdi aya baktıkça

—Annem balkıyan bir göl gülümsemesi

Bir kuşun uçuverişi gibi kolay ölümler çağı
Rahat yataklarda dikeni batar gecenin
Örterken annem yıllanmış perdesini
Babam bir ünlemdi akşamla uzayan

—Annem ki deltaların yazılmamış tarihi

Because My Mother

Because my mother is a weary obligation
On her face the look of an old flower-patterned box
What was it she forgot, in and out of the kitchen,
Lost in thought, endlessly painting the dirty sky

—My mother is the stupefied tick of the minute hand

She sought happiness in single storey houses. None.
She wanted cheering in houses full of kids. None.
The past trembles in her holed-up places
Dust-shaped memories cling to walls

—My mother was a nursery rhyme in rooms

Her wooden dreams faded in old summers
With the tireless ache of an old worry
My mother cried as if she were still laughing
She would grow smaller, staring at the moon

—My mother was the smile of a shimmering lake

An era of easy death, easy as a bird's flight
A thorn of night in comfortable beds
While mother closed her ancient curtain
Father was an exclamation echoing along the night

—My mother was that unwritten history of deltas

Yara

—çünkü aşk sustu—
Dibe inelim... Kuyunun dibine...
Orda karanlık, sessizlik ve suyun korkusu
Ve sözün ulaşamadığı derinlik

Sanki bir tuvale dağıttım kendimi
O buruk senfoniye sızdırdım
Yorgun bir iniltisin artık sesimde

—çünkü düş öldü—
Uzağa gidelim... Aşkın uzağına...
Orda kül, anılar ve ölümün tortusu
Ve dağların yabanıl suskunluğu

Sen yine de unutma
Her kuyu kendi yalnızlığını yaşar
/Her kuş
            kendi sesiyle
                    karşılar sabahı.../

Wound

—because love fell silent—
Let's descend into the depth of the well
There, darkness, silence and the fear of water
And the word's unreachable depths

As if I'd spread myself out on a canvas
I lent myself to that sad symphony
Now you're just a weary groan in my voice

—because the dream died—
Let's journey out, to the far bounds of love
There, ash, memories and the sediment of death
And the mountain's wild stillness

But never forget
Every well lives through its own solitude
/Every bird
        greets morning
                with its own voice.../

Islak

Yüzün gecikti geceye
Bakış yorgunu pencereler küskün

Örümcek ağının dokunuşuyla
Mühürlendi karanlık
Uykusu kaçtı eski evlerin
Ağaçlar şöyle bir kıpırdandı yerlerinde
Çiçeklerin dudakları ıslak

Sonra sonra bir kapı kendine döndü
Gördüm, buğulandı alev
          eridi sesinin tınısı

Herkes pastel bozgundu kendine
Şımartılmış bir içdeniz

(Yaşanmazdı bu gökyüzü talanı
eskimeyi eşyaya bıraksaydık)

—Şimdi kuyu ağzı bir tutam gök
          düştü düşecek

Wet

Your face was late for night
The weary starring windows affronted

Darkness was stamped
With the touch of a spider's web
Old houses tossed and turned
Trees stirred in their place
And the flowers' mouths were wet

Then a door turned in on itself
I saw the misted flame
                    its melted tone of voice

Everyone is filled with a pastel self-anger
A ruined interior sea

(If we'd left things to grow old
we'd never see this sky looted)

—Now, a fleck of sky in the well's mouth
                    about to fall

Kuş Uykularında

Gittikçe ürperiyordu demirde pas
Derin girdaplar konuşuyordu tenimde
Sarmaşığın, uzadıkça uzuyordu kolları

Gizemi buydu işte acemi bekleyişlerin
—Ayın kalbinde bir bıçak—
Mavi düşler görüyordum
            içimin kuş uykularında

Nasılsa diyordum;
            yıkık duvarlar saklıyor yüzümü
Nasılsa her yara bir kabuk ediniyor kendine
Her yırtık bir yama

...

Sonra, çıplaklığın saçıldı geceye

In Bird-Sleep

Rust on iron beginning to shudder
On my skin deep whirlpools were talking
The arms of twisting vines were growing longer

That was the mystery of innocent waiting
—A knife in the moon's heart—
I was having blue dreams
during my bird-sleeps within

But somehow I said:
                    ruined walls hide my face
Every wound grows a scab
Everything torn gets a patch

...

Then your nakedness was cast to the night

Zaman Sıkılıyor

Zaman sıkılıyor
Aynı yerde durmaktan
Bu bungun, rüzgârsız havalarda
Yağmur ıslığıdır zamanın

Geçmişe sıkılan kurşunun
İzi duruyor bak saçakta
Zaman sıkılıyor
Aynı şeyi görmekten

Herakleitos'un ırmağı
Taşıyor zamanı denize
Zaman sıyrılıyor
Karanlığından

Time Grows Bored

Time grows bored
Stuck in the same place
In this windless weather
Rain: time's whistle

The mark of a bullet shot
Into the past lingers in the eaves
Time grows bored
Seeing always the same thing

Heraclitus's river
Carries time to the sea
Time passes out
Of its darkness